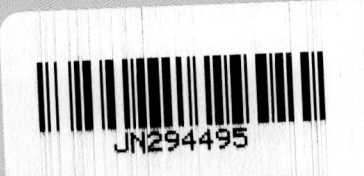

傷ついたあなたへ

わたしがわたしを大切にするということ

DVトラウマからの回復ワークブック

NPO法人レジリエンス✤著

梨の木舎

はじめに

予想もしなかったことが、人生に起きてしまうことがあります。わたしの場合はDVを経験して、思ってもみなかった人生を歩んでいます。20歳から4年半もの間、恋人からの暴力にあい、悩み苦しみ続けたのです。「こんな目にあっているのはわたしだけかもしれない」と誰にも相談できずに、がまんしてきました。つらい問題に向き合うのは簡単なことではありません。自分自身に起きた予想もつかなかった出来事を、理解し受け入れるのはわたしにとっても、大変な作業（ワーク）でした。しかし、自分を取り戻す作業をしていくことで、自分の人生を受け入れ、新たな道を歩み始めることができたと感じています。2年間カウンセリングにかよい、傷ついた心の癒しや自分の内側を見つめるワークを行いました。また、大学院でDVという課題について客観的に学ぶ時間をもちました。

わたしたちは、「パートナーが変わってくれさえすれば…」と望みがちですが、相手を変えることはできません。できることは、「わたしがわたしを大切にする」ということです。それはDVに限らず、さまざまに傷ついた経験をした人にも言えることです。誰もが、マイナスの体験をプラスに変える力をもち、自ら輝いて生きていくことができます。

DVはごく一部の人に起きている悲惨な暴力と思われていますが、実は日常的に頻発している問題なのです。さまざまな理由で傷ついた多くの人につかってほしいと思い、このワークブックを作りました。

傷ついた人自身だけでなく、サポートする人、親や学校の先生、行政関係者にも、このワークブックを役立てていただきたいと願っています。

NPO法人レジリエンス　中島幸子

このワークブックをお使いの方へ

✤ 質問に対して正解は用意していません。10人の方がいらっしゃれば、10通りの答えがあると思っています。また「今はこの質問は考えたくない」と思われる場合は、もちろんとばしていただいて結構です。自分が一番楽な状態で取り組んでいただければと思っています。

✤ レジリエンスではDVや傷つきを経験した皆さんを、敬意を込めて「星さん」と呼んでいます。つらい出来事を生き抜くために使ってきた力を自分のために使い、自ら輝いていける人であると思っています。DVに限らずどんなサバイバーも「星さん」であると思います。

✤ このワークブックでは、「星さん」を☆さん、加害者のことをBatterer（バタラー、暴力をふるう人）の頭文字をとってBさんと表記しています。

☆さん

傷ついたあなたへ　目次

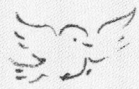

2章
暴力の影響を乗りこえるには

3章

自分らしく輝くためには

1章

DV・トラウマを理解する

DVを理解する

DVとはパワーとコントロール

ドメスティックバイオレンス（DV）は「親密な相手からの暴力」とされています。新聞やテレビではパートナーからの悲惨な身体に及ぼす暴力がDVとして報道されています。これらの情報からわたしたちは「DV＝親密な相手からの身体への悲惨な暴力」とのイメージをもってしまいがちです。

しかし実態はそうではありません。DVは「親密な相手からの執拗《しつよう》なコントロール」としたほうが近いかもしれません。相手を支配し思い通りにコントロールするために加害者がとる手段が暴力なのです。身体的暴力ではなく精神的暴力や経済的暴力を手段にして相手の体を傷つけずにコントロールする加害者も実はとても多いのです。

DVの構造を氷山に例えてみると

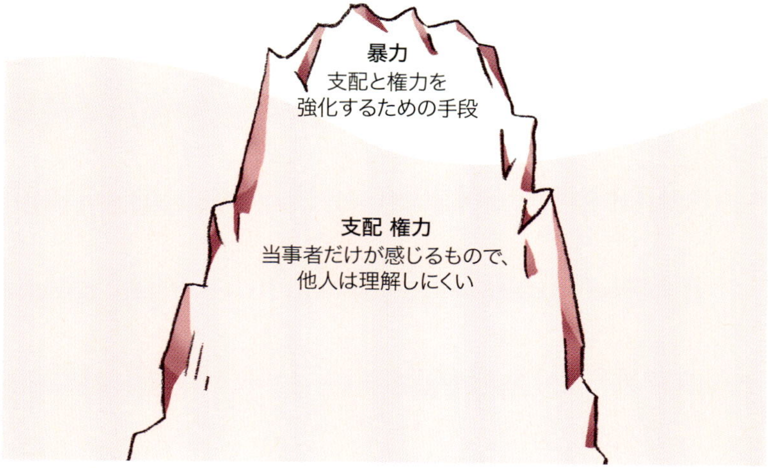

支配・被支配の関係は周りの人からは分かりにくく、当事者間で空気のように漂っているものです。以下にチェックリストがあります。あてはまるところはありますか。もしいくつか当てはまる場合は支配・被支配の関係ができているかもしれません。相手から何らかの方法でコントロールされている、つまりDV関係の可能性があるかもしれません。

【支配があるかのチェックリスト】

□　パートナーの言うことは絶対だ
□　自分の希望をパートナーに伝えるのはとてもエネルギーがいる
□　パートナーが帰ってくるととても緊張する
□　パートナーを恐れている
□　パートナーがいる前で電話をしたくない
□　パートナーを待たせることはできないと感じている
□　自分がどう感じるかよりもパートナーが怒らないかが基準になっている
□　予定より遅く帰るなんてできないと感じている
□　自分の好みよりパートナーの好みを最優先する
□　パートナーの言動に意見できないと感じている
□　たとえ間違っていると思ってもパートナーに同調しなくてはならない
□　パートナーに自分の本音は絶対言えない
□　パートナーが怒り出すと、なんとかなだめようとしてしまう
□　パートナーの機嫌が良い状態であるためにはどんなことでもすると思う
□　どんなに楽しんでいてもパートナーの機嫌が悪くなるともう楽

しめない

□ パートナーのセックスの要求は断われないと感じている
□ 自分が欲しいものでもパートナーが良い顔をしなければ買えない
□ 子どもがパートナーの気に入らないことをするとすごくあせる
□ パートナーについたウソがばれるのが怖くてしょうがない

コラム

「暴力のひきがね」

➻なにが暴力のひきがねになるか分からない状態でした。一緒に歩いているとき突然「お前今信号で左右確認してから渡ったか？ 青になったからってのんきに渡るな！」と怒鳴られたこともあります。

月がとてもきれいな日、「月がきれいだね」と彼に言うこともためらいました。

「何上見て歩いているんだ、危ない！」「くだらないことばかり言いやがる！」と言われそうで怖かったのです。

今は月をみて「きれいなお月様」と言えることにしみじみと幸せを感じます。[メイ]

DVのサイクル

DVにはサイクルがあると言われています。

＊レノア・ウォーカーモデル1982　「サイクルからの脱出」

DVサイクルの図

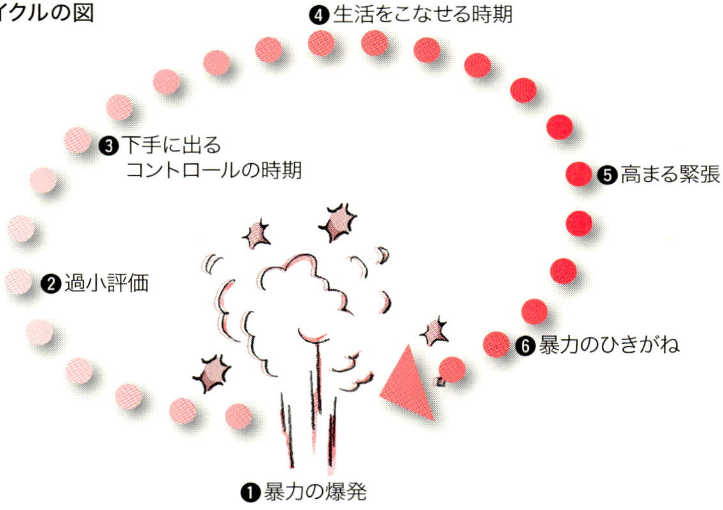

❶暴力の爆発があります。

↓

❷起こったことをそのまま受け入れるのはつらすぎるので☆さんは自分の中で過小評価をします。例えば「ちょっとわたしの配慮がたりなかっただけ」「あの人は今とても疲れているからしょうがないわね」「こんなことはどこのうちでもあることだわ」など。

↓

❸下手《したて》に出るコントロールの時期に入ります。パートナーがやさしくなって「やっていける」と思える瞬間です。または少し暴力が減ったり、なんとか我慢できる状態になる瞬間です。

➡

❹多少の緊張がありながらも生活がこなせる時期になります。この状態が続くのならわたしたちはやっていけるかもしれないと希望をもったりします。

➡

❺しかし段々とまた緊張感が高まります。パートナーの機嫌が悪くなりだし、☆さんは爆発が起こらないようにと細心の注意を払います。この時期は非常にストレスの高いつらい状態です。

➡

❻何かがひきがねになって暴力が起こります。このきっかけはBさんの「言いがかり」であって些細《ささい》なことです。例えばおかずが気に入らない、部屋が片付いていない、返事の仕方が悪いなど。Bさんはどんなことでもきっかけにします。

そしてまた、

❶暴力

➡

❷過小評価…と繰り返していきます。

これがグルグルと繰り返されるのが特徴です。下手《したて》に出るコントロールの時期は、「ハネムーン期」と表わされることもあります。ハネムーン期と聞くと夢のように幸せな時間を想像されるかもしれませんが必ずしもそうではありません。緊張感が少しだけ緩んだり、まったく☆さんのことを無視していたBさんが「おはよう」と声をかける、など、「これなら望みがあるかも」と感じる程度のこともあります。人によっては花束やプレゼントを買って大袈裟に謝罪をする場合もあります。このような態度は「下手《したて》に出て相手を思い通りに動かす」というコントロールの手段のひとつです。もしかしたら暴力がなくなるかもしれないと期待をもつことで☆さんは関係を続けてしまいます。

緊張➜緩和➜緊張➜緩和を繰り返されると人間は「離れることはできない」「この関係の中でうまくやっていきたい」と感じるようになってしまいます。虐待やいじめの場でも同じことが起こっています。こうした人間の心理をたくみに利用して支配することは、戦争の捕虜を洗脳するときにも使われています。

13頁の図を利用して危険度をはかることもできます。サイクルが小さくなってきている（＝暴力の頻度が増している）場合や爆発が大きくなっている場合は危険性が高まっているあらわれです。平手打ちより首を絞められるほうが命を奪われる可能性はぐんと高まります。

DVのサイクルからの脱出

Ⓐ気づき

このサイクルからの脱出は、どこかで「このままではよくない」と「気づく」ことから始まります。子どもに影響が出たり、「もう耐えられない」と思ったり、どこでどう気づくかは人によって違います。気づいた事実に直面する勇気をもつ瞬間でもあるでしょう。

↓

Ⓑ情報集め

どうしたらいいのか、情報を集めさまざまな方法を検討します。

- 相談センターに行く
- 身近な人に相談する
- 本やインターネットで情報を得る
- 電話相談を利用する
- サポートグループ*に参加する　*同じ経験をした人同士が集まって経験を分かち合う場
- カウンセリングを受ける
- DVについての講演会などに行く

などして情報をたくさん集めます。

↓

Ⓒ決断

いろいろな情報を得た上で、これから自分がどうするかを決めます。この時期は精神的にとても疲れたり混乱することもあります。信頼できるカウンセラーや相談員、友だち、親族などにサポートしてもらいましょう。

↓

Ⓓ実行

↓

Ⓔ試行錯誤

↓

Ⓕ成功

↓

暴力のサイクルを断ち切る。

という新しい「流れ」になります。この新しい流れに行くまでには時間がかかることもあります。気づきの後も迷ったりもどったりを何回も繰り返すこともあります。サポートする人の中には☆さんのこうした行動に付き合いきれないと感じてしまう人もいるでしょう。しかし☆さんの中で決心が固まるまでに時間がかかることを理解してください。サポートする側が無理に実行させようとしても☆さんが決心をしていなければ結局は元にもどることになりかねません。☆さん自身のタイミングが重要です。

また☆さんはこれをひとりでやる必要はありません。自分にはいまどのような手段（法的保護、行政の支援、サポートグループ他）があるのか、手助けしてもらえる人がいるのかを調べ、最大限に活用して乗り越えていきましょう。だれかに助けを求めるのも大切な力のひとつです。

新しい流れの図

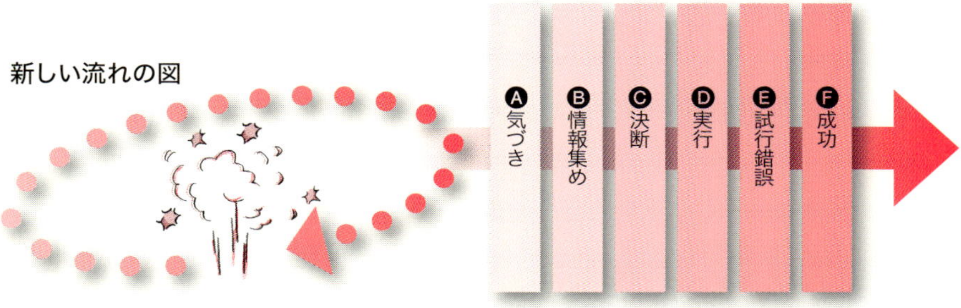

コラム

「わたしが彼から離れるには」

わたしはDVの関係から完全に離れるまでに十数回逃げたり戻ったりを繰り返しました。相手と自分が精神的に一体化しているために、離れると、いてもたってもいられない気分になるのです。今何を考えているのだろう、と思うと落ち着かなくなってしまいます。

今考えてみれば、わたしにとってこれだけの回数繰り返すことが必要だったのかもしれません。相手から脅されて戻ったこともあれば、自分が不安や寂しさから過呼吸になって戻ることを選んだこともあり、戻る理由は毎回さまざまでしたが、「絶対離れる」と決心できるまでに時間と回数が必要だったのだと思います。[さち]

わたしは別居という形を5年間続けた後離婚しました。その意味では1回で離れたといえるかもしれませんが、戻ろうと迷うことは1度や2度ではありませんでした。結局戻ることは1度もありませんでしたが、5年間別居する、という長い時間がわたしには必要だったのだと思います。[メイ]

DVによる混乱

下の図の大きな矢印の中には親しい関係の人同士（家族でも親友でも）の間でのお互いを尊重する気持ちがベースになったやりとりが入ります。（図❶：例えば困っている時に支えあったり、一緒に喜んだり、悩みを相談したり、共通の趣味を楽しんだり）。

結婚などでカップルになった人たちには大きな矢印のほかにそれ以上の親密な関係が生じます。（図❷：例えば恋愛感情、セックス、妊娠）。

DV関係だった場合、親密な関係でありながら暴力が発生し、矢印の中の尊重関係がなくなります。暴力をふるう人は相手を尊重していないからです。大きな矢印の中の尊重や信頼感のない環境で親密な関係（プラス）と見えるやりとりがあることに☆さんは混乱します。

また、親密な関係（プラス）と暴力（マイナス）がほぼ同時に発生する事態がさらに混乱を深めることになります。

Bさんは殴ったあとに「本当は愛しているんだ、ゴメン」と言います。「お前はなんてバカなんだ！」とさんざんなじったあとにセックスを求めます。（図❸）

大きな矢印の図

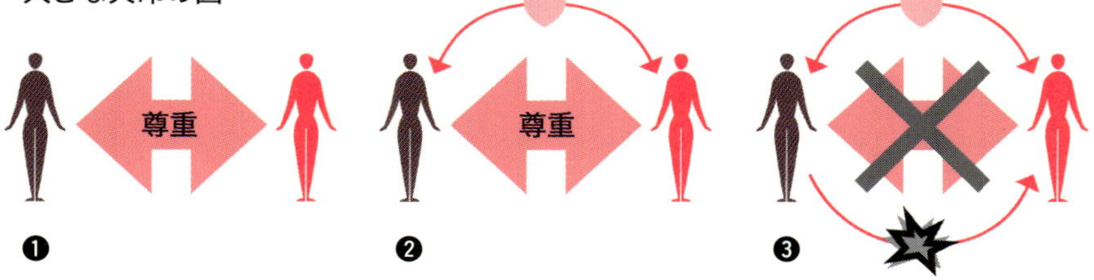

暴力のあとのセックスを断わることは☆さんにとって難しいことです。断わるとまた暴力をふるわれるのではないかと怯えてしまいます。我慢してセックスをすればこの暴力は収まると考えることもあります。いずれにせよ暴力を受け気持ちが落ち込み、さらに望まないセックスをすることでいっそう気持ちが落ち込みます。一方Bさんは暴力を「単なるケンカ」と考え気分を害しますが、その後セックスをすることで「仲直りした」と考え、気持ちが楽になります。Bさんの中では仲直りしたと考えているので、この一件はもう終わったことになっています。しかし☆さんの中では傷つきが残っているので終わったとは思えません。一方はさらに落ち込み、一方は楽になる。感情に大きな差が生じています。

Bさんと☆さんの気持ちの差の図

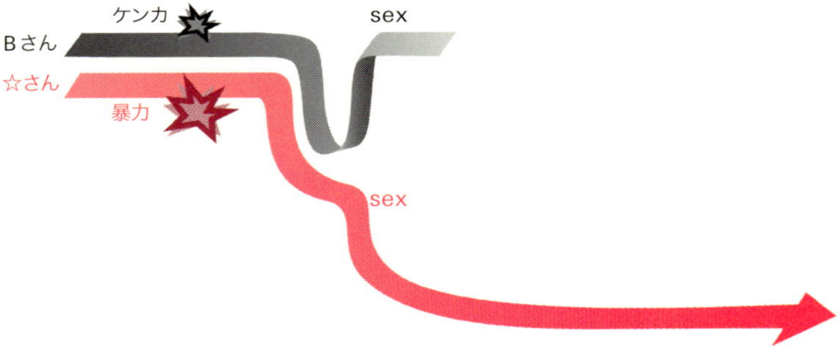

お互いに自分の思ったことを率直に言いあえる平等な関係の中で発生するものがケンカです。自分の思ったことを率直に言うと危険だと感じている場合はケンカとは違い、パワーとコントロールのあるDV関係です。暴力の後のセックスに関する考え方にも双方に大きな相違があることになります。その相違が二人の溝をさらに深めることになります。

さまざまな形の暴力を知る

暴力の種類

身体的暴力と性的暴力が重なっているのは、性的な部分が身体の一部であるためです。そして全体を「精神的暴力」がおおっているのはどの種類の暴力であっても受けた側の精神に深い傷か残ることになるためです。

暴力の種類

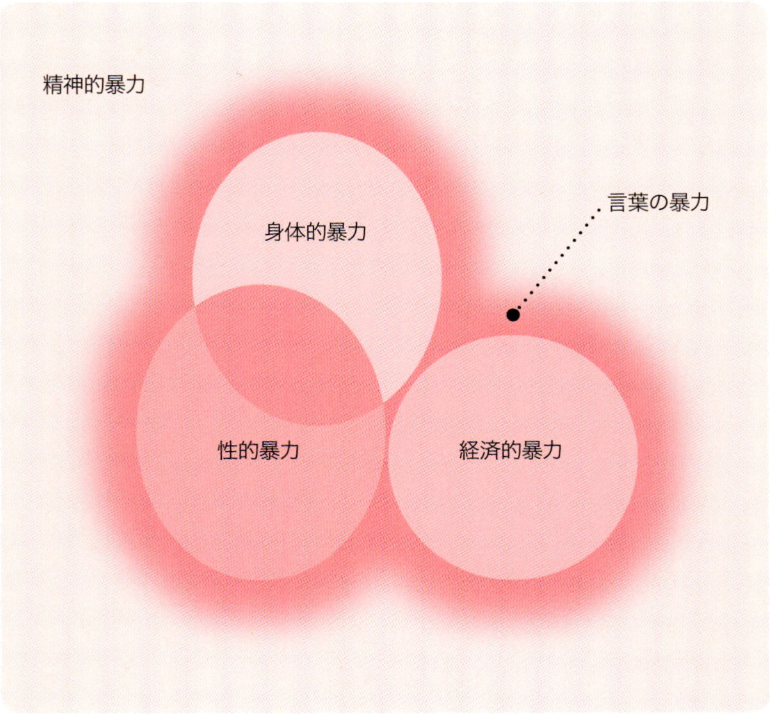

思いつくものを書き出してみましょう。

身体的暴力

性的暴力

経済的暴力

言葉の暴力

精神的暴力

【暴力＝相手を自分の思い通りにするための手段】

具体的にはどのようなものがあるでしょうか。

身体的暴力▶たたく、壁や床に押さえこむ、つねる、唾をかける、火傷させる、食べもの・飲みもの・睡眠・薬をとらせない、首を絞める、噛む、監禁する、むりやり触る・くすぐる、凶器を使う、振り回す・揺さぶる、蹴る、道をふさぐ、家から追い出す、などなど。

体を傷つける暴力はさまざまな形があります。食べ物や飲み物、薬や睡眠を制限される、薬物をうたれるということも体に大きな影響をもたらします。

性的暴力▶レイプ(無理強いなセックス)、セックス中に望まないことをされる、性的な部分を傷つけられる、性病感染、痴漢、セクハラ、のぞかれる、体について嫌味を言われる、変な目でじろじろ見られる、プライバシーがない場でのセックス、所有物扱い、ポルノなど見たくないものを見せられる、セックスを拒否できない、セックスを拒否され続ける、自分とのセックスについて他人に話す、脅す、アルコールや薬物を使ったセックス、セックスは「義務」だと言われる、「金を払うからやらせろ」と言われる、他の人との性的な関係、避妊しない、コンドームの使用を拒否される、ピルの強要、写真を撮られるなどなど。性的暴力とはレイプのように無理強いなセックスを想像しがちですが、他にも多種の暴力があります。ただ、これらはなかなか暴力と気づきにくいものです。

避妊をしない性的暴力による望まない妊娠や中絶が女性の体や精神に与える被害は重大です。また、DVのある関係では妊娠中に暴力が始まったり悪化する危険性が非常に高くなります。流産や早産につながり、母子に与えるダメージもはかりしれません。

経済的暴力▶生活費を渡さない、足りなくなる金額しか渡さないで「ください」と言わせる、無理やり働かせる、働きたいのに働かせない、冷蔵庫の中やレシートをチェックする、「誰が稼いでると思っているんだ」と言われる、☆さん名義で借金をする、借金癖、☆さんにはケチで自分だけお金を使う、☆さんの職場に嫌がらせをして働けなくする、ギャンブルによる浪費などなど。

経済的暴力は暴力と気づきにくいところがありますが、経験している人は多いでしょう。☆さんの金銭的自由意志を尊重せず、奪い取り支配するという点でこれも暴力です。

言葉の暴力▶言葉の暴力には「相手を傷つけおとしめる作用」と「手を下さずに相手を脅して自分の思い通りにする作用」があります。「バカ」、「ブス」、「売女《ばいた》」、「あばずれ」、「パラサイトのくせに」、「もう一度あんな目にあいたいのか」、「どんな育ちかたをしたんだ」、「どうしてそんなこともわからないんだ」、「お前みたいなやつは誰も相手にしない」、「俺がいないとお前は何もできない」、「離婚してやる」、「好きにすれば」、「お前はおかしい」、「お前の家族がどうなってもいいのか」、「暴力をふるわせるようなことをしたお前が悪い」、「お前なんか死ね」、などなど。

言葉によっても☆さんは傷つき、自尊心が下がります。また、「もう一度あんな目にあいたいのか」という言葉ひとつで、実際には手を上げなくても同じような恐怖を☆さんは感じます。「好きにすれば」という言葉の意味は一見理解ある言動に見えますが、その言葉を言ったBさんの本心は違うので、本当に好きにした時にはさらなる暴力にあいます。

精神的暴力▶ひどい名前で呼ぶ、けなす、恥ずかしい思いをさせる、常に批判・非難する、悪い結果はすべて☆さんのせいにする、侮辱、ひどい嫉妬、☆さんの大切な物を壊す・捨てる、脅し、乱暴・危険な運転、決断力を奪う、したくないことをさせる、孤立させる、仕事や学校は禁止、常に監視、無視、自殺の脅し、常に他人や兄弟と比較、何に関しても自分のやり方しか許さない、相手の体調や状況を軽視する、「死ね!!!!!」等と「!」がたくさん付いたメールで相手を威嚇する、混乱させるような言動などなど。

【混乱させるような言動(例)】

パートナー　「…(むっつり)」
わたし　「どうしたの?　何かあったの?」
パートナー　「なんでもないよ」
わたし　「そう?　なんか元気ないから」
パートナー　「いつも元気でいろっていうのかよ!」
わたし　「そんな意味じゃなくて、心配だから」
パートナー　「うるさいんだよ。疲れてんのがわからないのか!」
わたし　「ごめん…」
パートナー　「謝ればいいと思っているんだろう!」
わたし　「……」
パートナー　「ほら、何も言えない。お前はいつだってそうやって俺の気持ちを逆なでしやがる!」

パートナー、部屋から出て行こうとする。

わたし　「あっ、ごはんは?」
パートナー　「お前のせいで食欲もなくなったよ。もう寝る」

このケースでパートナーは“わたし”の善意の気持ちを捻じ曲げ、“わたし”を責めています。“わたし”は悪意がなかったのになぜこんなに責められるのかと混乱します。なぜこんなことになったのか腑に落ちないままに罪悪感まで感じるようになってしまいます。

こうして文章にして読むと何が起きているか読みとることができますが、実際に会話をしている中では、混乱してしまい、何がどうなっているのかが見えません。人に相談する際にも明確に伝えることができません。

これらの暴力を自分が受けていると認めることはとてもつらい作業です。性的暴力となるとさらに語られにくいものになります。語る人が少ないために「このような目にあっているのはわたしだけかもしれない」と感じて、さらに孤立します。また、暴力を自分が受けていることを認めてしまったら自分自身が崩れてしまうような気がして認めたくないと思うこともあるでしょう。

なぜ離れられないのか

なぜ暴力を認めにくいのか

【なぜ認めにくいのかリスト】

- 暴力を認めたら、自分がみじめに思えてつらいから
- 暴力を認めたら、自分が暴力にあうような人間だと認めることになるから
- 暴力をふるうパートナーのことを悪い人と思えない（思いたくない)から
- 今の生活を続けられなくなるのが嫌だから
- 自分の人生や生き方が否定されてしまう気がするから
- 認めることは自分の最後のプライドを手放すように感じるから
- 認めたら、パートナーからかろうじて得られていた小さな幸せがなくなるから
- 受け入れるには大きすぎることだから
- 受け入れるには悲しすぎることだから
- 受け入れるにはむご過ぎることだから
- こんなこと夢であってほしいから
- 受け入れると大変なことになるような気がするから
- 受け入れなければ希望をもっていられるから
- 恥ずかしいから
- 人に噂されるのが嫌だから
- 人に見下されるのが嫌だから

離れられない理由50例

50の例です。これ以外にもあると思います。自分にとても当てはまるものに◎、当てはまるものに○、少しあてはまるものに△をつけてみてください。皆さんそれぞれ違った複数の理由で離れられずにいると思います。この表を利用して自分の気持ちを客観的に見てみましょう。離れるオプションを探している場合は該当する項目について何ができるのか、どのようにしたらいいのかを相談員、カウンセラー、親族や信頼できる友人に相談してみてください。

多くの人は「Bさんが変わるかもしれない」「暴力が減る、なくなるかもしれない」に○か◎がつくと思います。しかし残念ながらBさんが変わる可能性はとても低いのです。

【離れられない理由50例　列挙】

将来、他の人が自分を求めてくれないかもしれない

金銭的理由

自分が子どものころにも暴力があったから

Bさんが変わるかもしれない

二人の関係に関する誓い・約束

寂しさ

新しいパートナーを見つけたくない

子どもを失いたくない

宗教的理由

家・車などの財産を失う不安

自分に欠陥があるように感じてしまう

家族の名誉を守るため

母子家庭を望んでいない

失格者、バツイチの烙印

セックス

誰も信じてくれないかもしれない

安定感が必要

DVサイクルに対する慣れ

夢を捨てたくない

Bさんの「自殺」の脅し

おかしいことも普通に思えてしまうようになった

Bさんの「いい旦那」というイメージ

「離れてもよい」という選択に気づいていない

まだ彼を愛している

行き先がない

子どもがお父さんを恋しがる・会いたがる

パートナーがいてほしい

そのうちに暴力が減る・なくなるかもしれない

二人の今までの歴史

離婚したくない

一人暮らしをしたくない・怖い

失敗したと思われたくない

悲しい思いをしたくない

身体的暴力に対する恐怖感

他の人々からのプレッシャー

自尊心が低いから

自分を責める気持ち

世間的な枠から外されてしまう

罪悪感

嫌がらせに対する恐怖

Bさんの弁解・謝罪・涙

Bさんの家族を失いたくない

一からのスタートがいやだ

Bさんの影響力・Bさん家族の影響力

社会的地位

時々であっても、愛情、優しさ、触れ合いがほしい

未知に対する不安・恐怖

起こっていることが暴力だと気づいていない

サポートシステムがない

人々は自分を責めるであろう

自分のレジリエンス(力)の回復方法

学習性無力感

DVのことを話したとき「なぜそこまで言いなりになっているの?」「どうして逃げないの?」と不思議に思われてしまうことがあります。

まわりから見て簡単に思えることを、なぜ☆さんはそれほどにためらうのか……。その感覚について「学習性無力感における実験」(M.Seligman.1975)を用いてみてみましょう。

【学習性無力感における実験とは】

犬を鉄の檻に入れて扉を開けた状態で出口付近に強い電流を流します。飛び出そうとする犬は電流の痛みにひるみます。電流は断続的に流れます。犬は電流の流れていない時に外に出るチャンスがあります。しかし檻の中の電流の流れない場所にじっとうずくまり、外に出ようとはしません。犬にとって「開いた扉＝出口」ではなく、「開いた扉＝痛いところ」となってしまうのです。

また、外に出ようとする度に痛い思いをすると、外に出る選択が自分の選択肢の中からはずされていきます。外に出る選択がない状態でいかに自分を守るかにエネルギーを注ぐようになります。

まわりから見て、Bさんの言いなりにならないことやBさんから離れることは難しいことではないように感じるかもしれません。しかし立場が違うと同じ現実でもみえてくるものが違うのです。どちらの解釈が正しいかという問題ではなく、解釈は立場によって異なるものなのです。

DVのある関係性で、☆さんがBさんの思い通りにならないと、Bさんは何らかの暴力をふるって自分の思い通りにしようとします。暴力は犬にとっての電流と同じ効き目をもたらします。☆さんは暴力(電流)を引き起こしかねないことは選択肢から外していきます。

質問:あなたが選択肢から外してしまったことはどんなことですか

トラウマから新しい歩みへ

❶何かしら大きなトラウマとなるような出来事が発生したとします。あまりにもショックが大きいと人はそれにともなう感情にふたをしてしまいます。それに関連することもすべて拒絶する時期があります。

↓

❷感情をまだ話すことはできませんが出来事については話ができるようになります。

↓

❸繰り返し出来事について語ると今度は徐々に感情が伴うようになってきます。

↓

❹ふたをしていた感情を出す時期になります。この作業は繰り返し同じ話をすることになりますので、身近な人よりもカウンセラー等の聞くことの専門家に話すことをおすすめします。友だちや家族は同じことを何回も聞くことはできません。「もう忘れたら」「そろそろ前向きにいきましょう」と言われてまた感情にふたをすることになってしまいがちです。

↓

❺処理されていなかった感情が、話すことで徐々に処理されていき、穏やかな感情が出てきます。自分らしさをとりもどすために、好きなことをするための準備をしたり、勉強したり、新しい仕事を探したりなどの行動をとれるようになります。

↓

❻新しい歩みをはじめます。

トラウマからの新しい歩みの図

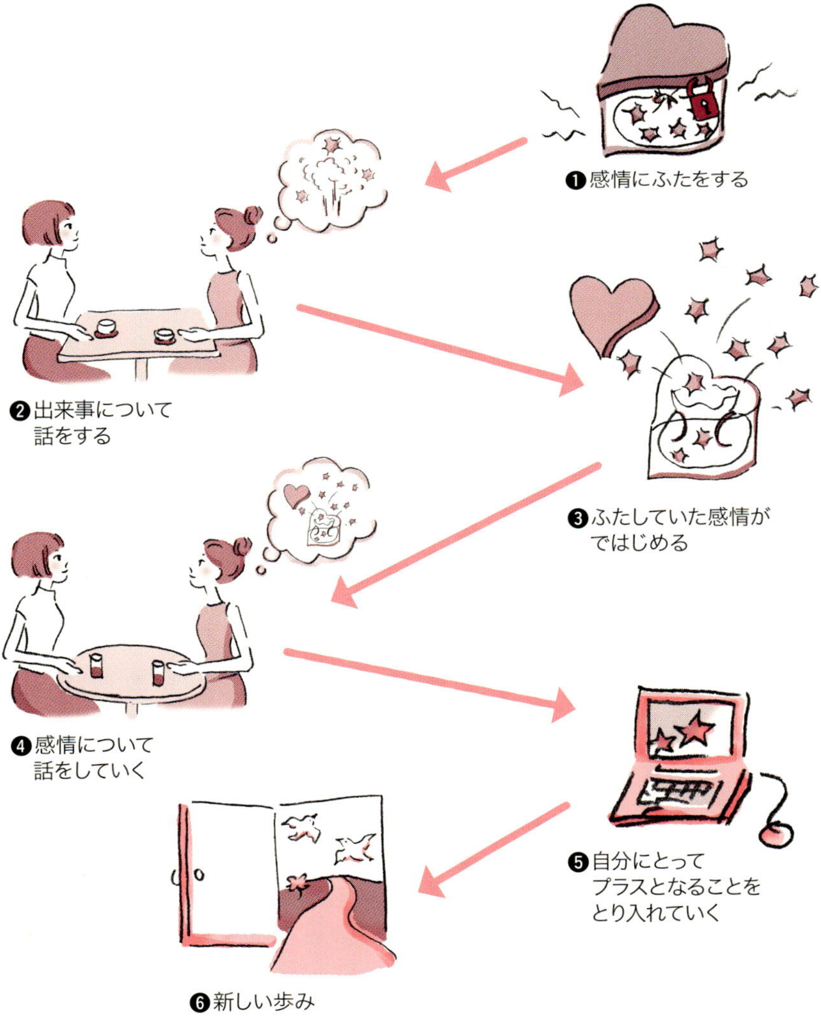

精神の健康に必要な5つの力

精神的に健康であるためには、5つの要素を保つことが大切です。

❶安全・安心
❷信頼
❸愛情
❹自分の力・コントロール
❺自尊心

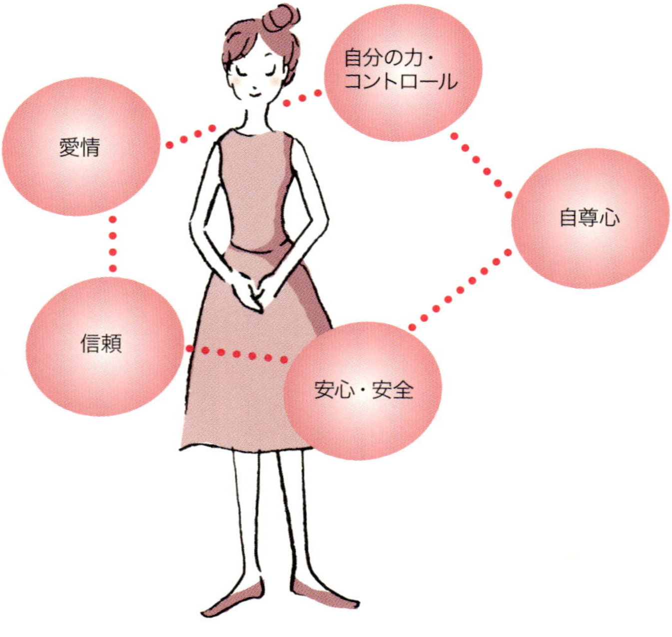

DVや虐待はこうした5つの要素を打ち消してしまいます。

❶安全・安心

暴力や危険をもたらす環境では安全感をもてません。安全感をとりもどすにはまず危険や暴力から離れることです。離れられない場合は、生活の中で安全な時間や空間を作るように心がけることです。それだけではまだ充分に安全を感じられない場合でも、毎日同じことの繰り返しを経験していくと安心感がもどってきます。これは例えば毎日同じくらいの時刻に寝られることや、毎日寝る前に本を読む時間があるなど些《さ》細《さい》なことでよいのです。長い期間安全な毎日が繰り返されることで安全・安心を信じられるようになります。

❷信頼

身近な関係でありながら自分に虐待を続けるパートナーとの関係は信頼して関係を築く力を衰えさせます。安全な環境を手に入れると、以前よりも注意深く、本当に信頼できる人に対して信頼感をもつようになります。

❸愛情

自分を愛してくれるはずのパートナーからの暴力は愛情を感じたり与えたりする力を奪います。安全感を得、信頼感がもどると愛情を感じたり与えたりすることができるようになってきます。

❹自分をよい状態にコントロールする力

暴力のある環境から離れられないと感じていたり、パートナーにはかなわないと感じている時は自分をよい状態にコントロールする力がもう自分にはないように感じられます。しかしその環境から離れて自分で自分を守れることを経験できると、自分をよい状態にコントロールする力に自信がもてるようになります。また今までは相手の機嫌にばかり焦点をあてていましたが、自分の状態に焦点をあてて自分のケアに時間が使えるようになります。

❺自尊心

暴力があったり、尊重されなかったり、本来自分がもっている力を感じられなくなる環境は自尊心を容赦なくうばいます。しかし環境が整ってくる中で、自分を大切な尊い存在、人に愛されるのに値する人間であると感じられるようになり自尊心が高まります。

5つの要素がそろうと自分の精神の安定がもどり自分らしく輝くようになります。

2章

暴力の影響を乗りこえるには

暴力に対する反応

暴力に対する反応リスト

暴力に対してあなたはどのような状態になりましたか。
下のリストを参考に考えてみましょう。

- 泣き続ける
- 不安感
- 解離
- パニック障害
- 自傷
- うばわれた自尊心
- アルコール等の依存症
- うつ病
- 自殺を考える
- 妄想にひたる
- 見捨てられることについての不安
- 常に他人を優先して自分を後回しにしてしまう
- 抑えきれない怒り
- 常にびくびくしている
- 記憶を失う
- 孤立してしまう
- 睡眠障害
- 不信感
- フラッシュバック(再現)
- 幻覚
- 完璧主義者になる
- 摂食障害
- 暴力を避けるためになんでもする
- 物事を全て白か黒かで考える

下記の表を作成してみましょう。

質問	例	書き込み欄	書き込み欄	書き込み欄
リストの中で、実際経験したことはどれですか。	不安感			
なぜあなたは、そのように反応したと思いますか。	夫が帰ってきたら暴力をふるうことがわかっていたから。			
暴力に対して、その反応はどのように役立ちましたか。	逃げるための緊張感を保てた。覚悟することができた。			
今のあなたは、それをキープしますか、手放しますか。	今は安全なので手放す。			

自分の症状や反応がDVをサバイバルするためのものだったことが見えてくると思います。

「わたしは暴力に対して無力だった」と感じている☆さんも多いと思いますが、けっしてそうではないのです。

今の状況をよく考えて、もし不要なものがあれば手放しましょう。

暴力の影響を癒すレシピ

暴力の影響を癒すレシピを作りましょう。
下の欄の中に暴力の影響を癒す方法を書いてみましょう。

例

- 思いっきり泣く
- 暴力的な環境と距離を置く
- 時間が経つことを待つ
- 自己管理に気をつける
- 自分について話す時にできるだけポジティブに話すよう心がける
- 本当に自分のことを考えてくれる人と付き合う
- 誰が何と言おうと出来事に関しては自分の考え･解釈を信じる
- わたしは大切な人なのだと思うようにする
- 自分の好きなことをする
- アサーティブになるよう訓練してみる　など

感情の処理の方法

傷つきの蓄積

誰でも日常生活で心が傷ついてしまうことはあります。しかしその傷ついた感情を処理しないでおくと腐ってしまいます。たくさんの処理されていない「傷つき」を抱えた状態では、日常生活に悪い影響が出始めます。

【心にしたふたの弊害】

体のSOS▶たくさんの「傷つき」や「怒り」を抱えていることはつらくて心地悪いことなので、心にふたをして生活をすることもあります。通常、頭・体・心が3点セットでバランスをとって機能しています。しかし心にふたをしてしまうと頭・体の2点だけで生活することとなり、負担が大きくなります。疲れやすかったり、頭痛やいろいろな身体症状として現れる場合があります。

感情鈍磨▶「つらい」という感情にふたをして、一時的に自分を守ることが必要な時期もあります。しかし心にふたをすると嫌な感情だけではなく、「嬉しい」「楽しい」などの感情も感じなくなります。また、「つらい」「悲しい」などの感情は、危険を察知する役目を持っています。そのため、感情鈍磨は危険を伴うことになりかねません。

うつ状態▶「傷つき」や「怒り」の数が増えると心にふたをすることに大きなエネルギーを要するようになります。結果として体力・気力を消耗してしまい、うつ状態の原因となります。

何かに没頭する▶たまった「傷つき」や「怒り」に直面したくないため、

感情の袋の図

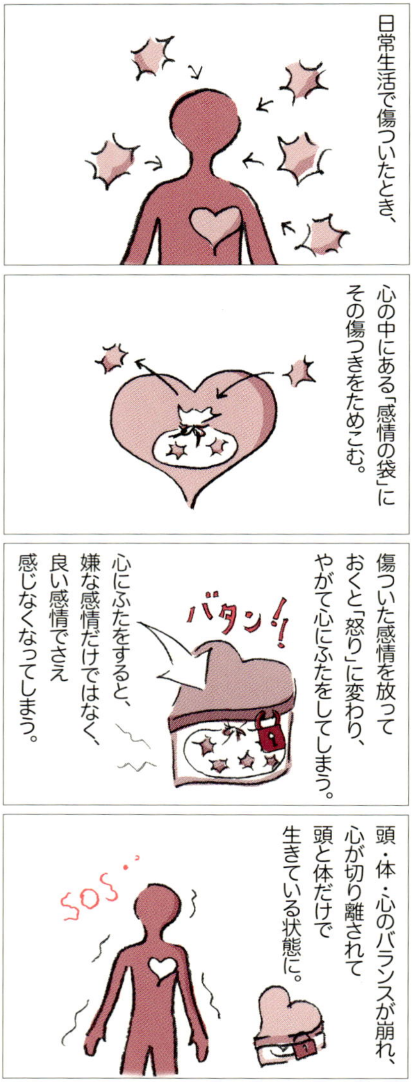
日常生活で傷ついたとき、
心の中にある「感情の袋」に
その傷つきをためこむ。
傷ついた感情を放って
おくと「怒り」に変わり、
やがて心にふたをしてしまう。
バタン!!
心にふたをすると、
嫌な感情だけではなく、
良い感情でさえ
感じなくなってしまう。
頭・体・心のバランスが崩れ、
心が切り離されて
頭と体だけで
生きている状態に。
SOS

ほかのことに没頭することもあります。例えば、他の人の世話や仕事に没頭することで、自分の感情の処理を避けたりします。またはアルコール依存、買い物依存、ギャンブル依存、恋愛依存、摂食における依存（食べ過ぎること、食べないこと、食べ過ぎて吐くこと）、などといった形で、直面をさける場合もあります。

【感情の袋にたまったイガイガによる弊害】

怒りの爆発▶些細《ささい》なことでなぜあれ程に感情的になったのか、不思議に思ったことはありませんか。それはその出来事が問題なのではなく、抱えている「傷つき」が「怒り」に変わり、それが刺激されているのです。時にはたまった「怒り」が、ここぞとばかりに爆発する場合もあります。「怒り」を人に向けて爆発させると、受けた人との関係はギクシャクし、さらに罪悪感を抱えることになります。

罪悪感・自責▶「怒り」が自分自身に向けられることもあります。「自分はどうしてだめなんだ」と自分を責めて自尊心が下がったり、「自分が悪いんだ」と罪悪感を感じたりします。

DVや虐待などの一方がもう一方を支配し続ける関係では、傷つけられる回数は非常に多いのに言い返せる機会はほとんどありません。また人に語ることも難しいと思われます。傷ついた感情をため込む量がとても多く、たくさんの影響が出てくることが想像できます。

チェックリストを使って「感情の袋」のたまり具合を確認してみましょう。

【感情の袋のチェックリスト】

□ 些細《ささい》なことですごく怒りを感じることがある

□ 何をしていても心から楽しんでいる感じがしない

□ 自分さえ我慢すればよいと思うことが多い

□ 虐待やいじめやDVなどのサバイバーである

□ 相手にあわせるのがとてもうまい

□ まわりの人に対してイライラした感情をもつことが多い

□ すぐに自分のせいだと思ってしまう

□ ほんの些細なことでとても悲しくなることがある

□ 争いごとはとても苦手だ

□ 悩みを誰かに相談するのが苦手だ

□ 思っていることを身近な人に言いにくい

□ 自分と相手の意見が違うと言い負かされるのではと不安になる

□ 人から何かを指摘されるのがとても怖い

□ 表情がとぼしい

□ 「まぁいいか」と自分を無理に納得させがちだ

□ 反論するのは得意ではない

感情はどうやって処理するの?

「感情の袋」に傷つきが入ってこないようにしましょう。

❶これ以上傷つかないための方法

アサーティブな(相手も自分も大切にする)対応▶傷つくことを相手がしてくる場合、「私はそうは思いませんが、どうしてそう思うのですか」等と相手の言葉をそのまま自分の中に入れないようにする予防策です。

離れる:傷つく環境に身を置かない▶アサーティブな対応が通じない相手もいます。自分を守るために、その場を離れる、距離をとるという方法もあります。

「感情の袋」の中がもしいっぱいであれば、少しずつ外に出していきましょう。

❷たまった傷つきを外に出す方法

語る▶信頼できる第三者に、ため込んでしまった感情について話をする方法です。身近な人に話してもいいのですが、たまった怒りは何度も繰り返し語らないと減っていきません。繰り返し同じ話を聞くことは訓練を受けた人でないと難しく、訓練を受けていない人に話した場合、「もう忘れたら」「まだこだわってるの」と言われ、それ以上話せなくなってしまうことがあります。カウンセラー等の、話を聞くプロに聞いてもらうのがいいでしょう。紙に書き出してみる方法もあります。いずれの方法でも一度にやろうと思わず、時間を区切って(30分から1時間くらい)おこなってみてください。

泣く▶涙は感情を外に出す潤《じゅん》滑《かつ》油《ゆ》です。泣きたい時は大いに泣き、感情を外に出しましょう。ただし涙がずっと止まらない場合はうつの症状であることも考えられます。その場合は適切なケアを受けましょう。また、思いっきり笑うことも、ふたを開ける作用があります。

夢▶寝ている間は感情にふたをする力が弱まります。閉じ込めていた感情が夢の中に出てくることもあります。夢の中で何が起きたか、誰が出てきたかではなく、自分が主にどんな感情を抱いていたかを考えてみてください。一番初めに思い浮かんだ感情が、ため込んでいたものであることが考えられます。

コラム

「感情鈍磨は必要だった」

わたしは辛すぎる時期に感情鈍磨になり、自分自身を守っていたことがありました。DVから逃げ出して違う町に暮らし始めた頃、何をしても楽しく感じられない、「楽しみを作ってみては」と人に勧められても、自分にとっていったい何が楽しみなのかがわからない、という状態でした。その時感情を感じていたら、あまりに辛く感じることが多すぎて、自分が壊れてしまっていたと思うのです。当時のわたしにとっては感情鈍磨は必要なことだったと思います。[さち]

質問:あなたはどのような場面で怒りの爆発（過剰な怒り）を経験しましたか。たまっていた感情（怒り、悲しみなど）は何だったのでしょうか。

過去からの恐怖感、将来への不安感

アミグダラ(小脳扁桃)とは

アミグダラの図

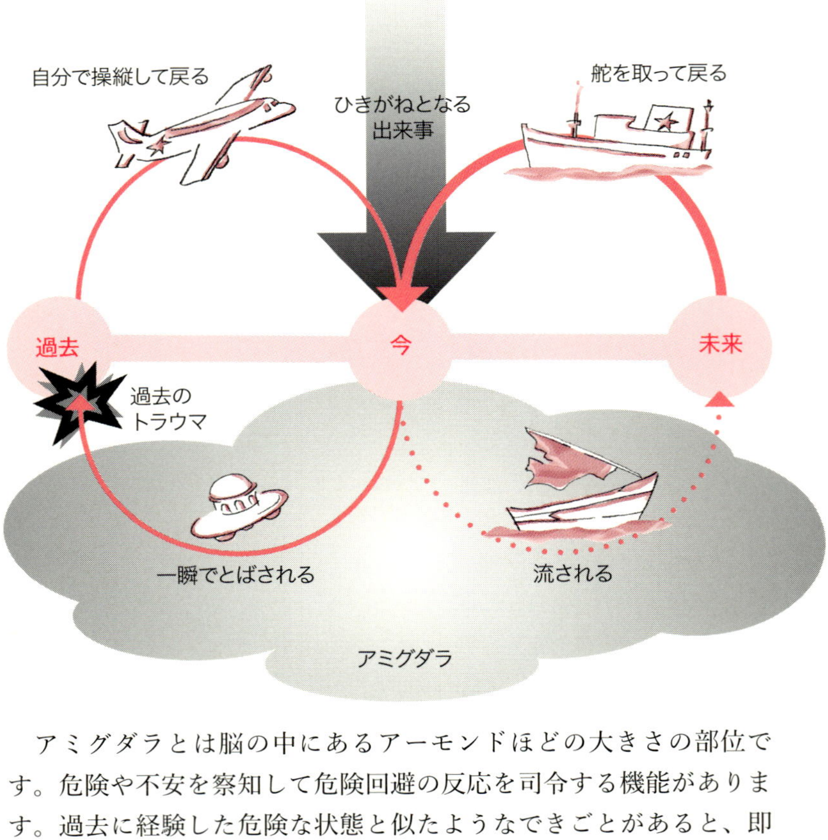

アミグダラとは脳の中にあるアーモンドほどの大きさの部位です。危険や不安を察知して危険回避の反応を司令する機能があります。過去に経験した危険な状態と似たようなできごとがあると、即座に反応し過去に感じた感覚(恐怖)を再現します。アミグダラには時間の感覚がないため、まるで“タイムマシーン”で過去に戻ったか

のように一瞬にして恐怖感がよみがえります。また先々の危険を心配しすぎて、将来への不安感を強めます。恐怖の再現が過去に“タイムマシーン”で一瞬にしてとばされるのに対し、未来へは“舵のない小舟”でゆっくりと流されていきます。アミグダラは危険回避に重要な役割を果たしますが、過去に危険が多すぎると、今現在が実際は安全であっても危機を感じすぎてしまいます。

コラム

「わたしのアミグダラが反応するとき」

わたしは遊園地のジェットコースターに乗っている人の「きゃー!」という声に強く反応してしまいます。殴られているときの自分の悲鳴と重なるのだと思います。一瞬でDVのおこっている時に感覚的にとばされ恐怖心を覚えます。[さち]

わたしは男の人の不機嫌そうな舌打ちに強く反応します。「わたしが何かいけないことをしたのではないか?」と不安になります。夫が不機嫌になりはじめる時のことと ダブるようです。[メイ]

過去の感情を再現していると気づいたら

五感を利用して感覚を今にもどしましょう。

視覚▶目で見て今どこにいるのかを確認しましょう。カレンダーなどを見て今がいつなのか確認しましょう。目の前にいるのが誰なのか確認しましょう。
聴覚▶今聞こえている音がなんの音なのか正確にとらえましょう。今聞こえている声が誰の声なのか冷静に考えてみましょう。
味覚、嗅覚、感触▶このような感覚を利用して現在を確認できるものをあらかじめ用意しておきましょう。例えば、ミントのガム、ポプリ、香水をたらしたハンカチ、ちいさいぬいぐるみなど。

質問:自分のアミグダラが働いたと思うのはどのようなときですか。次にもしとばされたら、どの感覚を使って現在にもどってこられそうですか。

イメージがもたらす影響力

イメージで自分の過去に行ってみよう

今の自分が、過去のつらい経験から悪影響を受けてしまうことは少なくありません。例えば繰り返し否定され続けていたら、ほんの少しの否定の言葉でも必要以上に落込んでしまうこともあるでしょう。過去の出来事を変えることはできませんが、その時の自分を助け出す想像をすることで楽になることもあります。

過去に自分が否定され続けている場面に今の自分が出向いたと想像し、「そんなことは言われる必要はない。さぁここから離れましょう」と自分を連れ出すことができるかもしれません。意外と効果があるものです。

質問：あなたはどのようにして過去の自分を助けられそうですか。

よりよい未来をイメージしよう

DVなどのトラウマを経験すると先々を心配することがくせになってしまいます。こんなことが起こったらどうしよう、あんなことが起こったら大変だなどと、よくないことを想像して落ち込んだり不安になるのが習慣になってしまいます。よりよい未来を想像できるのも大切な力です。自分はこんなふうになりたい、というイメージを繰り返し思い浮かべるトレーニングをしてみましょう。一日数分もあればできますし、お金もかかりません。

質問:先々のよいイメージを思い浮かべてみましょう。

コラム

「過去の自分を助けに行く！」

わたしは「見捨てられ不安」を強く感じます。過去に、Bさんに夜中の暗い路地に引きずり込まれ、さんざん蹴られた後、そこに置き去りにされた経験があるからです。この「見捨てられ不安」を少しでも減らすため、過去の自分を助けに行こうと思いましたが、想像の上であっても、一人では恐ろしすぎて行けませんでした。そこで、イメージの中で大勢の仲間に一緒についてきてもらって、過去の置き去りにされて泣いている自分を助けに行くことができました。

[さち]

「自分がなくなっていく」

相手のコントロールから外れることは決してできませんでした。学校の帰り道にかわいいお店にふっと立ち寄ることも、彼から帰宅時間に合わせて自宅に電話が入るかと思うと怖くてできないのです。ハイヒールも彼がだめだと言ったらはくことはできません。わたしらしさがどんどんなくなっていくのを感じていました。[さち]

健全な関係とは

本当の健全な関係とは

健全な関係

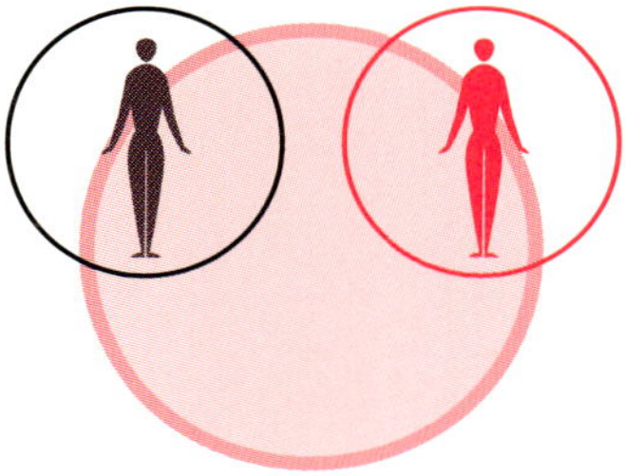

わたしも相手もふたりの関係とは別の自分の場所をもっています。仕事や趣味や友だちや何らかの活動仲間など自分らしさを磨く場所であり、いろいろな考えや意見にふれられる場所です。ふたりの関係に暴力などよくないことが起こったときも人に相談したり、情報を得ることもできます。外からの風通しのよい関係は問題の悪化を防ぎます。もしふたりの関係が終わった時も、バランスを保ちやすいです。

不健全な関係

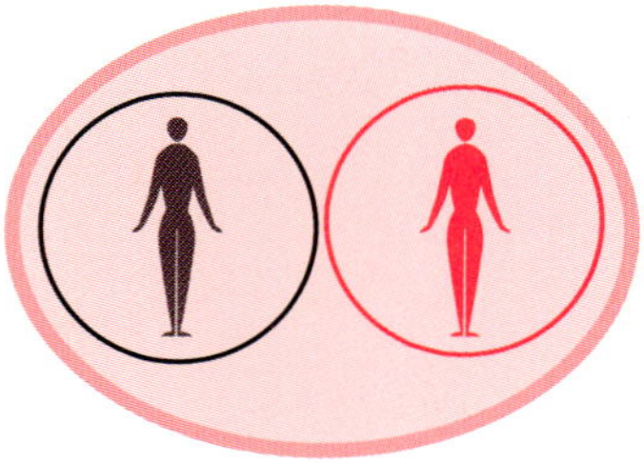

わたしと相手がひとつの関係の中にすっぽりと入っています。こうなると外部との交流がなくなってしまうため、自分の問題や、ふたりの関係の中で発生する問題を解決する手立てが少なくなりま

す。ふたりがうまくいけばすべてうまくいく、ふたりの関係がうまくいけば自分の問題が処理される、これらは全て幻想です。ふたりがそれぞれ自分の幸せや自分の問題、自分自身を磨くといったことに責任をもたなければ、ふたりの関係もうまくはいきません。

この関係の中でもし暴力などが起きた時、誰かに相談をしたり情報を得たりするのが難しくなります。外からの風通しが悪い関係は、問題がその中で悪化しやすいのです。もしふたりの関係が終わった時は、バランスを大きく崩しがちです。

コラム

「恋愛に対する幻想がすりこまれていく…」

子どもと一緒に白雪姫の人形劇を観ました。

「王子様は白雪姫をひとめ見て大好きになりました。白雪姫も王子様をひとめ見て大好きになりました。ふたりはいつまでも幸せに暮らしました」と締めくくられている内容にわたしはひっかかりました。帰り道子どもに

「人と人は少しずつ分かり合って行くものなんだよ。長く続く関係が必ずよいともかぎらないよ。努力してもうまくいかない関係は離れるのもひとつの方法だよ。好きな人がそばにいるからすべてうまくいくのではないのよ。自分の幸せはちゃんと自分の手でつかもうね」と話しながら帰りました。[メイ]

質問:映画やドラマや小説や歌詞によりわたしたちは「不健全な関係」がロマンチックで目指すべきものだと刷り込まれています。思いあたるものを書いてみてください。(例:2人でいれば何もこわくない)

DVのある家庭の子ども

子どもへの暴力の影響

ここでは、自分の子どもについて考えるだけでなく、自分自身の子ども時代を振りかえって考えてみてください。

DVのある家庭では

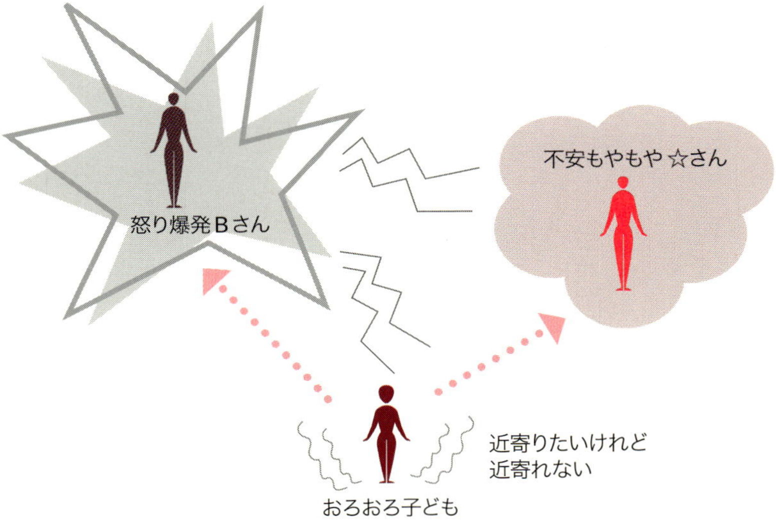

例えば、父親が暴力をふるうDVのある家庭において、父親はいつ何が原因で怒り出すかわからない､怖くて逆らえない権力者です。子どもから見て、母親は傷つきかわいそうな状態です。子どもが身近なおとなに一緒に喜んでほしい時、不安で手をさしのべてほしいと感じる時にDVのある家庭では誰にも頼れません。子どもは不安定な感情を抱いたり、さまざまな悪影響が生じる場合があります。

このような環境では、子どもは健全な人間関係を学ぶことができません。たとえ子どもに対して直接の暴力がなかったとしても、暴力の目撃は虐待です。そして、人を尊重することを学べず、逆に人を傷つけることが許されている環境は子どもにとって虐待されるに等しいことです。

水槽の図

水槽を心の器、水槽の中の水を「不安感」と考えてください。左の図はあふれるまでにまだ余裕があります。右の図はいっぱいいっぱいです。DVのある家庭の子どもは常に不安感を抱えているのでこころに余裕がなく、ちょっとした刺激で水があふれ、症状や問題行動として出やすくなります。離婚や別居によって子どもに症状が出るのは、それが問題だったからではなく、すでに蓄積された不安感が離婚や別居という引き金によってあふれ出たためです。人は安全な場所に来ると、今まで危なかったところでは出せなかった感情を出し始めます。

子どもが問題行動を起こすと、その行動だけに焦点をあてて叱るだけになってしまいがちです。なぜ問題行動を起こすほど不安感が蓄積されていたかにも焦点をあてて考えてみてください。

子どもの回復につながる環境

母親の回復▶飛行機の酸素マスクの説明で「子どもにマスクを付ける前におとながまず付けてください」とあります。子どもには安心して寄り添えるおとなが必要なのです。子どもの世話を優先してお母さんが倒れてしまうと、残された子どもはどうなるのでしょうか。まずはお母さんが元気になりましょう。

安心感を増やす▶毎日同じことが繰り返される環境は安心感をもたらします。これはおとなも子どもも同じことです。毎日いつ何が原因でBさんが何をするかわからない環境では安心感は得られません。例えばご飯を食べて、お風呂に入って、本を読んで、寝る、何も大きな出来事は起こらない。単純な生活ですが、それが繰り返されることは想像以上に安心感をもたらします。

言葉や行動で愛情表現する▶とくに小さい子どもは皮膚感覚から愛情を感じます。背中をさすってあげたり、抱っこしてあげたりして触れあってみましょう。ただし、触れられることを望む子ばかりではありませんので、きちんと子どもの意志を確認し、尊重しながら行いましょう。また、ポジティブな言葉をかけるようにしましょう。

子どもが安心して感情を出せる環境▶感情に良い悪いはありません。しかし子どもに「さみしい」「悲しい」「怖い」などと言われるとおとなは居心地が悪くなります。紛らわそうとして他の楽しいことを前に出してきたりしがちです。どんな感情でもまずは受け止めてあげてください。「さみしい？ そうだよね。さみしいよね」おとなにとっても子どもにとっても感情をオープンにできる環境は大切です。

間違ってもいい環境▶DVのある家庭で間違いは厳禁です。間違っていなくても怒られるのに、もし間違ったら大変なことになるからです。しかし、間違いは誰にでもあるものです。間違いから学ぶことはとても多いのです。間違いに対する新しい健全な考え方を取り入れていきましょう。

健全な情報がある環境▶子どもはDVを自分のせいではないかと思っています。お母さんを守らなくてはならないと感じているかもしれません。子どもには責任がないこと、親を守る必要はないことを伝えていきましょう。また、暴力のある家庭で育った子どもは、暴力的行為を知らず知らずの内に学んでしまっています。人を傷つけた時には、きちんと叱って教えなければいけません。

子どもに負担をかけない環境▶DVのある家庭では親と子の役割が入れ替わりやすいです。親としては「やさしい子だな」と思えたり、ありがたいと思えるかもしれませんが、子どもにとっての負担ははかりしれません。親の世話を優先することで自分自身を大切にできなくなります。また、上にいる者は下にいる者を虐待してもよいという間違った上下関係を学んでいるかもしれません。その場合、母親の世話をするということは、母親の上になるということとなり、後に母親に暴力をふるう可能性も出てきます。

DVについて話をしていく▶子どもはDVを見ています。気づいています。DVについて、子どもが理解できる範囲で話をしていきましょう。

問題についてまったく話をしないと

この話はしてはいけない、何でもない振りをしなくてはいけないと思い、負担が大きくなってしまいます。不安感をもち現実感がもてなくなります。情報が不足していると、子どもはとんでもない想像をすることもあります。

問題について詳細まで話しすぎると

かえって不安感をあおります。子どもの年齢などを考えて消化できる範囲で話しましょう。

親として自分の精神安定のために話をしたり、子どもからのサポートを期待して話すのはやめましょう。

間違って学んでしまったことを学びなおしましょう▶健全な人間関係を子どもと一緒に身につけていきましょう。自分も他者も尊重する関係、暴力をふるわずに話し合う方法、暴力をふるった側にしか責任がないなど、折にふれて話し合っていきましょう。例えばドラマを見て健全なパターンを評価したり、不健全なパターンの問題点を考えるなど、日常生活の中で話し合う機会を作っていきましょう。

質問：あなたの子どもにとって、今とくに必要な環境はどのようなものですか。また、あなたが小さい時にほしかった環境はどのようなものですか。

3章 自分らしく輝くためには

自分の境界線を知ろう

境界線とは

境界線とは、自分と他者を隔てる目に見えない線です。例えば草原に家が何軒か建っているところを想像してみてください。もしそこに柵がなければどこまでが自分の草原かわからなくなります。もしかすると隣人が私の草原を耕しはじめてしまうかもしれませんし、自分も知らずに他人の草原に踏み込んでしまうかもしれません。きちんと柵(境界線)を作っておくことでこのようなトラブルを防ぐこともできるのです。

自分が二重の強い風船の中にいると想像してください。

内側の線の中には自分をよい状態に保てる要素がつまっているとします。例えば、自分を肯定できること、自信をもてること、自分を大切にする気持ち、自分のやりたいこと、目標、夢などです。この線の中によい要素が多いと、自立し、自尊心が高まり、むやみに自分を危険にさらすことはしません。

内側の境界線の中身

次頁の枠の中にまず自分の名前を書いてください。そして、空欄に自分のよいところ、好きなところ、自信のあるところを書き込んでください。66～67頁のよいところリストを参照しても構いません。よいところリストは参考例ですので思いついたことはどんどん書き足してください。うまらないときは、同じことを繰り返し書いたり、大きな字で書いてみて枠の中がいっぱいになるようにしてください。書き終わったら、内容を読み返してください。

星の枠の中に書かれたことが、あなた自身の自己価値を表しています。これらを包んでいるのが内側の境界線です。風船を膨らます空気のようにたくさんの要素が入っていると自分自身を心地よく感じることができます。逆に要素が少ないと自分を大切に思えなかったり、好きになれないかもしれません。また、人からの評価も一時的に風船を膨らます要素になりますが、長くはもちません。人の評価を得るのに懸命になりすぎ、結局自分を大切にできなくなってしまいます。自分を評価する力をつけ、自分で内側の境界線の中を満たしていきましょう。

名前

努力すること	学習力
ありがたく思える	論理的に考える
必要とされる時には助けを求められる	愛情深い
落ち着ける	人生観を持っている
道徳的概念がある	オープンマインドでいる
親密になれる	人と協力する
楽観的に考える	約束を守る
整理の能力がある	身体的に健康である

能力がある
遊び心がある
勇気がある
リラックスできる
自分を受け入れられる
メリハリをつけられる
自信
尊重できる
自分を癒すことができる
自分をコントロールできる
自分に対する責任をとる
自分の価値を認められる
ユーモア
繊細
知識
自発的である
強い精神
思いやりがある
忍耐力がある
価値観
知恵がある
継続力がある
スポーツをする
体力がある
仕事がよくできる
自分を大切にできる
想像力がある
よく気づくこと
問題の解決力
泣ける
好奇心がある
決心する
効率的に行う
感情的に反応する
エンパワーメント
倫理的な行動をとれる
信念がある
融通性がある
友情
別れを経験する力がある
正直
希望をもっている
独立心がある
自分の中を見つめることができる
誠実
知性的
興味を持つ
直感がある
趣味[　　　　　　　　　　　　　　]
資格
スピリチュアルである
笑える
愛情が豊か
よいことがあった時には「よかった!」と思える

よいところリストです。もっともっとたくさんありますから、どんどん足していってください。

外側の境界線4つのパターン

4つのパターンの図

外側の線は他者と自分を分ける線です。この線がはっきりすると他者とよい関係をもつことができます。自分の意見をはっきりと伝え、相手の意見を尊重することもできます。健全な関係を築くには必要な線です。

境界線の状態には大きく分けて4つのパターンがあります。

❶境界線がない場合

人との距離を調整できず、人に踏み込んでしまったり、踏み込まれてしまいがちです。人間関係が悪くなる原因が、境界線を意識できていないからだということに気づいていません。

例えば、プライベートなことを遠慮なくたずねたり、相手の問題なのにこうするべきと意見を押し付けたり、どうして思い通りにしてくれないのかと相手に対して腹立たしく思ったりすることなどです。

❷境界線が壁になっている場合

人を近づけず、人に近づくこともありません。傷ついたことが原因で一時的に壁を作り自分を守ることが大切な時期もあります。危険な目にあったため100%の安全感が保障されないと壁を取り外せないと感じる場合もあります。しかし、壁があることでますます人は遠のいて孤立していきます。

人との交流が少ないため、自分の壁の中で怒りや傷つきを抱え込み発散することができません。少しでも傷にふれられそうになると、自分を守ろうとしてとげとげした態度をとってしまったり、逆に相手を傷つけてしまう場合もあります。

❸理想的な柔軟性のある境界線

柔軟性があり強度の高い境界線です。外から強く押されてへこむことはありますが、穴はあきません。へこんでも元に戻る力（レジリエンス）があります。臨機応変に形を変えて自分を守ります。境界線の形は状況に合わせて自分で決めることができます。

❹色々なパターンが混ざった境界線

ほとんどの人は❶、❷、❸の境界線を組み合わせてもっています。例えば、職場の人は攻撃的なので❷で自分を守る。学生時代の友だちとは❸で会っていると楽しいし、心地よい時間が過ごせる。しかし家では❶でどうしても家族から踏み込まれてしまう、など。

境界線は時と場合で形や状態が変わるものなのです。また暴力は境界線を壊すものです。暴力がある環境では健全に境界線を保つことはできません。

質問：今日のあなたの内側と外側の境界線の状態を書いてみてください。外側の境界線の外にはどんな対人関係があるのかも書いてみてください。

境界線で自分を守る……心の護身術

その1…ルール

ここには踏み込んでほしくないと思う事柄にあらかじめルールを決めておき、境界線を意識しやすくする方法です。例えば友だちが家にきてタバコを吸われると嫌な気分になるが、やめてとは言いにくいという場合。あらかじめ「うちではタバコ禁止です」というルールを決めておきます。そうすれば「タバコ吸っていい?」と言われても「うちではタバコは禁止なの。ベランダならOKよ」とスムーズに対応できます。

その2…タイムアウト

とっさに対応できなかったり答えを出すのに戸惑いを感じた場合は時間をとることです。その時間を利用して他にどんな方法があるのか調べたり、信頼できる人に相談したり、冷静になってもう一度考えたり、情報を集めたりできます。

例えば、友だちから健康食品をすすめられた場合は、

友だち　「すごくいい健康食品があるのよ。いまならお試しキャンペーン中なの。いかが?」
わたし　「じゃあパンフレットちょうだい。考えてみるね。ありがとう」

と時間を確保します。

その3…アサーティブ(相手も自分も大切にする)コミュニケーション

アサーティブとは相手も自分も大切にする対応方法です。例えば、自分を大切にするために相手にはっきりとNOを伝えたうえで、相手のために何ができるかと考える方法です。姿勢をよくして相手の目を見てはっきりとNOを言いましょう。境界線のちょうど境目でNOを言うようなイメージです。突き抜けてしまったら相手を傷つけてしまいますし、力が弱すぎると相手に踏み込まれるかもしれません。NOは言いますが、相手の気持ちを考えてどのような対応ができるかを考えます。練習が必要かもしれませんので、まずはお店の店員さんなど、その場限りの人から試してみるのもいいかもしれません。

友だち　「健康食品のこと考えてくれた？ いいでしょう」
わたし　「パンフレット読ませてもらって考えたけど、私はいらないわ。興味がありそうな人がいたらパンフレットを渡しておくね」

その4…壊れたレコードになる

アサーティブな対応がうまく伝わらない相手には壊れたレコードのようにNOを繰り返す方法があります。短めのフレーズを落ち着いて同じトーンで繰り返します。何を言われてもNOを繰り返すことは、最初は慣れないかもしれません。しかし境界線をジワジワと押してくる相手から自分を守る方法と考えてみてください。

友だち　「でも○○子さんも、△△子さんもすごくいいって言ってくれているのよ」
わたし　「私はいらないわ」
友だち　「とりあえずお試しだけでもしてみない?」

わたし　　「私はいらないわ」
友だち　　「どうして?」

ここで「どうして?」と聞かれても理由を答えないのがポイントです。
答えてしまうと…

友だち　　「どうして?」
わたし　　「だって高いし、今お金ないし…」
友だち　　「大丈夫、お友だちだから安くしてあげる。それに分割払いも可能なのよ」

とNOが言いにくくなってしまいます。
ですので「どうして?」と聞かれても同じ言葉を繰り返しましょう。

友だち　　「どうして?」
わたし　　「私はいらないわ」

その5…「もし○○なら……します」

壊れたレコード作戦が効かない相手は境界線をおかす危険な相手かもしれません。これ以上こちらの境界線を侵害してこようとしたら、離れることを宣言する方法があります。

友だち　　「ねぇお願い。私を助けると思って」
わたし　　「もし今日の話がこれだけなら私は帰るわね」

この場合ポイントになるのは実行できることを選ぶことです。宣言しておきながら実行をしないと効力を失います。

お互いを尊重するということ

相手も自分も尊重する

相手を尊重することは親密な関係を築く際にとても重要なポイントになります。相手は自分とは違います。相手が自分とは違う意見や感情をもっていることを尊重するのは、関係が親密になるほど必要です。しかし、簡単なことではありません。

【尊重に欠ける例】

パートナー　「げっ、この卵焼き甘いの?」
わたし　「そうなの。おいしいよ」
パートナー　「甘ったるくて食べられない。普通卵焼きは塩味でしょう」
わたし　「えー、そうかなぁ」
パートナー　「甘いなんて考えられないよ。こんなの好きな人いないよ」
わたし　「うちは甘口だったから…」
パートナー　「なんで?　おっかしいんじゃない?!　それ」
わたし　「ごめん」
パートナー　「なんでこんな常識的なこといちいち言わなきゃ分かんないのかなぁ」

この関係は尊重に欠けています。パートナーは“わたし”の意見が自分と違っていることを受け入れず、“わたし”の意見を否定して自分の意見を通そうとしています。また強く否定された“わたし”は自分の意見に自信がもてなくなってしまいます。

これに対し、尊重のある関係ではお互いの意見を生かした解決策を見出そうとします。

【尊重している例】

パートナー　「この卵焼き、甘いね」
わたし　　　「そうなの。おいしいよ」
パートナー　「実家はいつも塩味だから、ちょっとなじめないな」
わたし　　　「そうなんだ。じゃあ大根おろしと一緒に食べてみて」
パートナー　「うん、これなら結構いけるかも」
わたし　　　「そう、よかった」
パートナー　「今度塩味の卵焼きを作るから食べてみて」
わたし　　　「うん、食べてみたいな」

このケースではパートナーは「ちょっとなじめないな」と自分の意見を“わたし”に伝えています。「普通、○○だろう」「常識だろう」などと自分の意見が世界基準のような言い方をしないで、自分個人の意見として伝えられたことでパートナーは“わたし”の意見も自分自身の意見も尊重していることになります。答えや方法はひとつではないのです。

コラム

「わたしもOK、相手もOK」

わたしは正しい答えはひとつだと思っていました。夫はわたしの意見を否定しましたが、わたしもこころの中で夫の意見を否定していました。今となっては、どちらの意見も正しい・間違いではなく、単に異なっているということだけだと理解しています。例えば、雑誌を買うときに彼は上から3冊目を買い、わたしは一番上を買うことに抵抗がありません。

本当はどちらでもよかったことなのです。でも、話し合いが不可能な環境では、どちらかの意見が正しいとみなされていたわけです。暴力のある環境から離れてから、意見が違うするということ自体は危険なことではない、と理解することによってわたしは大分楽になりました。[メイ]

「できない努力をしていたわたし」

DVから離れて7年になりますが、当時の自分を振り返り「すごくがんばっていた」と思います。緊張感のなかで極力暴力を避けようと必死で努力していました。家を出てからある人に、「できない努力までしてきたんだね」と言われたときは、涙がぽろぽろと溢れ出ました。[メイ]

二次被害にあったらどうしたらいいの？

ランキングをはずして楽になろう

世の中には目に見えないランキングシステムがあります。これを取り入れている“ランキングさん”と、取り入れていない人がいます。“ランキングさん”は自分がランキングでどの辺に位置しているかが気になります。実際にランキング表があるわけではなく、とてもわかりにくいものです。ランキングさんは他者の状態と自分の状態を比較することによって、自分のランキングを定めようとします。自分の価値観で生きているというよりランキングシステムにとらわれているような状態です。

ランキングシステムを取り入れていない人は他者と自分を比較して一喜一憂することはありません。ランキングではなく、違いとしてとらえるからです。どちらが上か下かではなく、こんな人もいればあんな人もいる、といったように考えるのです。相手の価値観も自分の価値観も大切にできる生き方です。

二次被害から自分を守る

ランキングにこだわっている人に自分の経験したDVやトラウマについて話をすると、ランキングのネタにされることがあります。それは「シンパシー（同情）」という形で表されます。

これとは別に、「シンパシー」に似ていますが全く違う「エンパシー（共感）」もあります。このふたつを比べてみましょう。

シンパシーとエンパシーの図

シンパシーさん　☆さん　エンパシーさん　☆さん

シンパシー（同情）	エンパシー（共感）
▶ ☆さんを「不幸」とひとくくりにする事で「不幸」を自分の日常から切り離す	▶ 大切なひとりの人がいま困っていると考える
▶ ☆さんを上から見る	▶ ☆さんと同じ視線で考える
▶ ☆さんを「不幸」と感じる事で、自分が不幸でないと安心できる	▶ 被害＝不幸との発想にならない
▶ ☆さんとは上下関係が形成され☆さんには自分の不幸を恥じる気持ちがうまれる（二次被害）	▶ ☆さんとはフラットな関係になり信頼関係がうまれる

つまりシンパシーを感じる“ランキングさん”は、相手を不幸と認定することで自分のランキングがその人よりも上であると思うのです。その多くは無意識に行われ、“ランキングさん”はよいことをしている気分になっているかもしれません。「かわいそうに…何かわたしにできることがあったら言ってね」とやさしい言葉をかけたりします。☆さんも「あんなにやさしい人なのに、なんでいつも会ったあとは気分が落ち込むのかしら」と混乱するかもしれません。

一方、エンパシーを感じる人は、一人の大切な人が困っていると考えます。相手を下にみることはありません。

では、相手に同情されたとき、あなたにはどんな対応策があるのでしょうか。

その1

自尊心を5%引き上げてみましょう。“ランキングさん”はこちらのかわいそうな状態を想定してきます。思いきって自尊心を上げましょう。10%とはいわなくても5%ぐらいならどうでしょう。背筋を伸ばして、下を向かずに相手の目をまっすぐに見ましょう。

その2

例えば「なぜかわいそうと思うのですか？　わたしはそうは思いません」と、かわいそうという言葉を自分の中に入れないようにしましょう。“ランキングさん”から同情カードをもらったら返してしまうイメージで対応しましょう。

その3

「わたし帰ります」と言ってその場を離れましょう。どんなに有名な医者でも、長蛇の列ができるカウンセラーでも、親しい友だちでも、“ランキングさん”でしたら離れてもよいのです。同情されているなと感じたら「同情カード」となる気持ちはその場に置いて、すたすたと帰るのも自分を大切にすることになります。

その4

もしどうしても席をはずせない場合は、「あー、この人“ランキングさん”なんだぁ、これで自尊心保ってるんだなぁ、大変だなぁ、ランキングはずせばよいのに」と心の中で言ってみましょう。何が起こっているのかを理解できれば気分が沈むのを予防できます。

また世の中にはランキングシステムの上位に入る「べき」との強い信念をもっている“ベキベキさん”もいます。世間が推奨するモデルケース（例えば、家庭は夫婦と子ども2人が普通、といったもの）からはずれないように一生懸命になっている人です。ですから結婚しないとか、離婚するとか、子どもがいないとか、モデルケースから外れそうになる人がいるととんできて「結婚はまだ?」「離婚したら子どもがかわいそう」「お2人目はいつ?」など、「枠からはずれると大変よー!」と説教します。世間の枠を外したほうがその人らしい幸せを見つけることができるのです。どうしたいのかを、もう一度あなたの価値観に聞いてみてください。

コラム

「かわいそうというレッテル」

夫と別居中だったとき、たまたま街であったご近所の人に「いろいろあって夫とは別居したんです」と告げると「ごめんなさい。そんなこと知らなくて…」と妙に慌てられたことがあります。恐らく彼女にとってはかわいそうな問題に触れてしまったとの思いだったのでしょう。しかし私はかわいそうとの勝手なレッテルを腹立たしく感じました。かわいそうかどうか決めるのはわたしであってよいと思っています。[メイ]

グリーフ(深い悲しみ)・喪失

DVによる喪失感

DVが原因でBさんから離れた場合、☆さんはホッとする反面、手放したくなかったものを失った喪失感を感じます。

質問:あなたが失いたくなかったものは何ですか。他に思いついたものも書き足してみましょう。

- わたしのパートナー
- 住んでいた場所
- 今までの生活
- 子どもの父親
- 金銭的安心感
- 車を運転する人
- セックスのパートナー
- 家族の一部
- 電球を交換してくれる人
- 置いてきたもの
- Bさんに壊されたもの
- 仕事
- もちたかった家庭
- 花嫁(娘)の父親
- 自尊心
- 自分らしさ
- 安心感
- 老後の伴侶
- 良い関係になりたかったという夢
- Bさんが変わるかもしれないという思い
- 社会的地位(○○さんの奥さん、など)
- 専業主婦でいること

喪失を嘆き悲しむ作業(グリーフワーク)をすることで、抱えていても苦しくない程度に喪失感を小さくすることができます。死別した際にお葬式や法事といった儀式を行う中で、喪失を思う存分嘆く作業と似ています。しかし死別とは違い、DVの環境から離れたことによる喪失について悲しむことを受け入れる社会環境がありません。

周りの人はたいてい、
「別れられてよかったじゃない、早く忘れましょう」
「あなたが決めたことなのに、まだそんなこと言っているの?」
などと言い、このグリーフを受け入れてはくれません。ですから、

- ▶同じ経験をした人同士で話し合うサポートグループ
- ▶カウンセリング
- ▶このテーマについての本を読む

などといった、まわりの人に受け入れてもらえる環境で喪失についての感情を少しずつ話していきましょう。

喪失感をそのままにしておくと、何かのきっかけで喪失感が必要以上に大きくなることがあります。失って楽になった部分より失って悲しい部分の方が大きく感じられて「別れなければ良かった」と思ってしまったりします。

グリーフワークをすることで、喪失感が必要以上に大きくなることを防ぐことができます。また、子どもが「お父さんに会いたい」「前の家に帰りたい」と話しはじめたとき、母親のグリーフワークが不充分だと、自分自身の喪失感がより大きくなり動揺してしまいます。母親が動揺すると子どもはもう話せなくなります。子どもが安心してグリーフワークできるように心がけてください。

質問：あなたがグリーフワークしたい感情はどんなものですか。
どこでグリーフワークができそうですか。

グリーフワークの過程

この過程については個人差があります。また、順番も決まっていませんし、いったん「受け入れ」まで行っても何かのきっかけ（例えば、結婚記念日、など）で前の段階に戻ることもあります。何度も何度も繰り返すのが普通だと考えてもよいです。繰り返すうちに感じる辛さは少しずつ軽減していくでしょう。

否定▶失ったことを受け入れるのがつらいため、感情が麻痺します。または出来事を最小化してとらえようとします。
例：相手を美化する、きっと元に戻れると思うなど。

怒り▶Bさんに対して怒りが出てきます。社会に対してや、自分の今の状況にも怒りが湧いてきます。

☆さんはBさんとの関係で相手に怒りを表すとひどい目にあう経験をしているため、怒りにふたをしてしまいます。その怒りが自分自身に向いて自責感情が出てしまうこともあります。怒りの矛先が正しいかどうかの確認もしましょう。

落ち込み▶気分が落ち込んだり、失望したり、睡眠障害や疲労感がでます。

この時期は非常に辛い時期ですので、だれかにサポートしてもらいましょう。また、心療内科等で薬を処方してもらうのもひとつの方法です。

受け入れ▶つらい感情が受け入れられる大きさになります。喪失の話をすると大きく揺れ動いていた感情が、それほど大きく揺れずに、話すことができるようになります。

また、受け入れることは、手放すことでもあります。手放すことで新しいことを手に入れて、新しい人生を歩むことができます。

例えば、慣れ親しんだ家を失った喪失感をグリーフワークすると、今の家のよさが見えてきて、居心地よくしていこうと思うようになります。

コラム

「わたしのグリーフワーク」

わたしは幼い子どもを連れての離婚だったため、子どもの父親を喪失した気持ちがとても強かったと思います。とくに入学式などのイベントのときは喪失感が大きくなって離婚したことを深く後悔しました。グリーフワークが足りなかったことも原因かもしれません。学校行事の前後はサポートグループに参加するなど、自分自身の心のケアを行うようにしています。[メイ]

新しい方向性をもつ

トラウマによりできた新しい方向性

DVやトラウマとなるできごとを経験すると、なぜ自分はこんな目にあうのか納得がいかないかもしれません。失敗してしまったと感じるかもしれませんし、もしあんなことさえなければ自分はどうなっていたかと考えるかもしれません。

しかし失敗ととらえずにひとつの経験だったと考えることもできます。その経験により成長できた自分、強くなった自分、やさしくなった自分、勇気がもてた自分、乗り越えたことを誇らしく思える自分がいることでしょう。このような新しい自分を発見した時にはどんな感じがしますか。その経験により、新しくできた道はどんな道でしょうか。自分が歩いて行くはずだった道を少しずつ手放すことも必要になります。新しい道をよく見てください。以前には想像できなかった形の幸せがあるかもしれません。

なにごともなくすんなりと行く人生が幸せとは限りません。経験とは学びのステップであり、成長のステップであり、気づきのステップでもあるのです。

新しい方向性の図

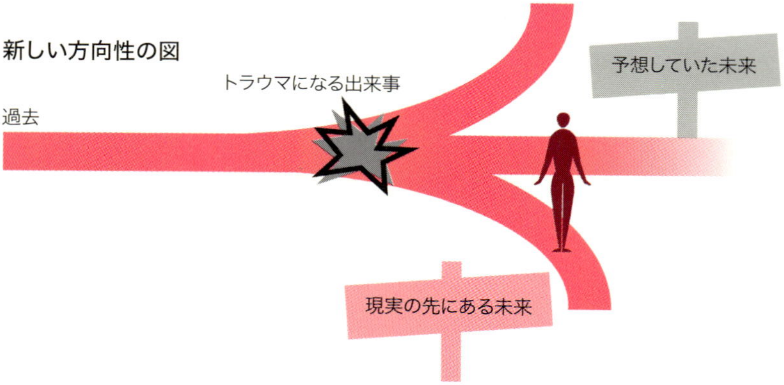

わたしの達成リスト

自分の人生を振り返り、よくやったねと自分をほめてあげる「わたしの達成リスト」を作ってください。

わたしの達成リスト

1.

2.

3.

4.

5.

わたしを表現するアートセラピー

心のカード

用意するもの

- 葉書サイズの少し厚めの紙(古いはがきでもOK)　数枚
- 色鉛筆、サインペン、クレヨンなど色をつけるもの
- いらない雑誌など、写真や絵を切り取れるもの
- シール
- 使いたい写真(もしあれば)
- 折り紙

などなど、ありあわせのもので大丈夫です。

作り方

一枚一枚のカードに"わたし"を表現してみましょう。
人にはいろいろな面があると思います。
例えば「泣き虫なわたし」「5人きょうだいの一番上のわたし」
「ホントは甘えたいわたし」など。
それぞれをカードに表してみましょう。
やり方は、

- 色鉛筆やサインペンやクレヨンで絵を描く
- 折り紙やシールを貼る
- 写真を貼る
- コラージュ(いらなくなった雑誌の写真や絵をを切って貼る)

など、どんな方法でもOKです。

紙粘土を使って グリーフしたい 感情を表してみましょう

用意するもの

✤紙粘土　適量

✤絵の具、サインペンなど色をつけるもの

作り方

紙粘土をこねて、グリーフしたい感情を形にしてみましょう。
感情もねりこんでいくイメージでやってみてください。
完成した作品に色を塗ってもいいでしょう。
色つきの紙粘土を、混ぜ合わせて、自分なりの色を
作ってみるのもおもしろいです。
完成したものは飾っておくのも、さよならするのもありです。

トラウマを描いてみましょう

用意するもの

✤画用紙などの白い紙　一枚

✤色鉛筆、サインペン、クレヨンなど色をつけるもの

作り方

画用紙等に色鉛筆やサインペンやクレヨンを使って
自分のトラウマを描いてみましょう。
どんな形でどんな色をしていますか。
また、そこからの回復の道も描きましょう。

ハートのぬりえ

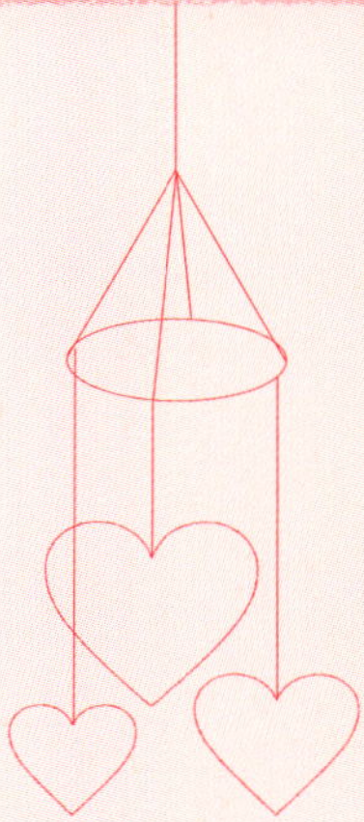

ハートのぬりえを完成させましょう。
今の自分の心の色をイメージして
ハートに色をつけてみましょう。
これからなりたい色にぬってみてもいいでしょう。
キレイにぬれたら、切り取って飾っても素敵です。
糸をつけてモビールにしてもいいでしょう。

わたしへのポジティブメッセージ

この頁にあるカードを切り取って、わたし宛にカードを作りましょう。ポジティブなメッセージを書いてわたし自身にプレゼントしましょう。

わたしがちょっと幸せになれるリスト

この頁にあるカードを切り取って、
わたしがちょっと幸せになれるリストを作りましょう。
わたしがちょっと幸せになれることを
カードに書いて用意しておきましょう。
落ち込んだときはなかなか幸せになれることを
思いつきにくくなってしまいます。
そんな時はこのカードを見てわたしに幸せをプレゼントしましょう。
お財布に入れられる小さいカードですので持ち歩くこともできます。
なかなか思いつかない方は下記と100頁の例を
参考になさってください。

- 好きなカップで紅茶を飲む
- 天気の良い日に公園ランチ
- ホテルのドアマンに迎えてもらう
- 自転車で走る
- 好きな映画を観る
- 家の中から雪を見る
- 泣ける本を読む
- 笑える本を読む
- 元気が出る本を読む
- 子どもと一緒にはめを外す
- 「おいしくなぁれ」とおにぎりを作って食べる
- 海を見に行く
- 山を見に行く
- 朝の空気を吸う
- もらって嬉しかったメールや手紙を読み返す
- 電車の窓から外を見る
- 電車でちょっと寝る
- 電車じゃなくてもちょっと寝る
- 冬の二度寝
- 大切にしまってあるものを出して眺める

- なんにもしないをOKとする
- 好きな香水をつける
- 旅館に泊まる(上げ膳、据え膳、お出迎え、お見送り)
- 冬のにおいを感じる
- 秋の気配を感じる
- 春の訪れを感じる
- 夏の日差しを感じる
- 自分でドレッシングを作る
- 無心でお菓子作り
- 無心でパン作り
- 無心でコロッケ作り
- だれかにバンドエイドを貼ってもらう
- 友達と握手する
- 笑える話をする
- 全力で走ってみる
- 空を見ながらブランコに乗る
- ゴロゴロして過す
- ヨガのポーズをやってみる
- 深呼吸
- レモンじゃなくてスダチを買う
- ゆっくりていねいに歯を磨く
- 夕食後30分寝る
- 新聞をすみからすみまで読む
- ちょっと高めのお豆腐を買う
- 白いものを漂白する
- パジャマにアイロンをかける
- 食べたいものを食べる
- ゆっくりお風呂に入る
- ひなたぼっこ
- 芝生に座る
- 可愛いものを目に付くところに置く
- お気に入りのアクセサリーをつける
- 明るい色の服を着る
- 好きなマニキュアをぬる
- お気に入りのお店に行く
- 歩ける距離をバスに乗る
- タクシーに乗ってしまう
- 入れてもらったお茶を飲む
- 好きな音楽をきく
- 動物にさわる
- バードウォッチングに行く
- 期間限定おまけつきの商品を買う

NPO法人
レジリエンス紹介

DVやトラウマから回復するためのサポート活動を、2003年から行っています。レジリエンスとは、逆境にも耐え抜く力、そこから脱する力、新しくエネルギーを発揮する力、マイナスのものをプラスに変えていく力などを意味することばです。
傷ついた人が、「自らがもつレジリエンスで、自分らしく輝いて生きていく」ことを願って、多様な活動をおこなっています。
各地での講演や研修、東京と横浜での連続講座「レジリエンス☆こころのcare講座」の開催とそのファシリテーター養成講座の開催、サポートグループ、高校・大学でのデートDVなどの授業、カウンセリング、米国でのスタディツアー、米国から講師の招聘、ビューティレッスンなど、さまざまな方法でDVやトラウマに関する心のケアを広めています。

レジリエンス☆こころのcare講座
わたしがわたしを大切にするということ

12回講座のテーマ

1. DV・トラウマを理解する
2. 「世間の枠」と私らしさ
3. 身体的・性的暴力
4. 精神的暴力
5. トラウマに対応するツール
6. 傷つきによる喪失とグリーフ
7. 境界線
8. コミュニケーション
9. パートナーシップ
10. Bさん(加害者)とは
11. 育った環境・子どもへの暴力の影響
12. 自尊心

詳しくは右記のホームページをご覧ください▶www.resilience.jp
連絡先:info@resilience.jp　TEL&FAX:03-3408-4616
●常勤スタッフはおりません。お問い合せはメールが一番速く確実です。

【講演のご依頼に応じます】
体験談を交えたDVについての講演はもとより、高校・大学などで特別授業としても講演を数多く行っており、DVの防止にも力を入れています。行政などの依頼で支援者向けの研修も行っています。またトラウマ・DVについてのワークショップも好評です。

✤NPO法人レジリエンス

中島幸子………レジリエンス代表・DVコンサルタント・ソーシャルワーカー
DVの被害にあった経験がきっかけとなり勉強を始め、
米国のルイス・アンド・クラーク大学院で法律博士号と
ポートランド州立大学院でソーシャルワークの修士号を取得。
1997年からDVについての講演活動を始める。
2003年、「レジリエンス」としてグループの活動を開始。

西山さつき……レジリエンス講座・研修講師、企画
七瀬真由美……アートディレクター、ビューティレッスン講師
栄田千春………企画、プロジェクト コーディネーター
三隅順子………アドバイザー
その他9名のスタッフで活動をしている。

傷ついたあなたへ
わたしがわたしを大切にするということ
DVトラウマからの回復ワークブック

2005年10月28日　発行
2023年 3 月 8 日　七刷

著者
NPO法人レジリエンス

発行者
羽田ゆみ子

発行所
有限会社 梨の木舎
〒101-0061 東京都千代田区神田三崎町 2-2-12 エコービル 1 階
TEL:03-6256-9517　FAX:03-6256-9518
e メール :info@nashinoki-sha.com

イラストレーション
neinei

ブックデザイン
加藤昌子

印刷・製本所
株式会社 厚徳社

ISBN978-4 8166-0505-5 C0037

梨の木舎の本

傷ついたあなたへ 2　3刷

――わたしがわたしを幸せにするということ

ＮＰＯ法人・レジリエンス 著

A5判／ 85頁／定価:1500円＋税

ロングセラー『傷ついたあなたへ』の２冊目です。Ｂさん（加害者）についてや、回復の途中で気をつけておきたいことをとりあげました。◆あなたはこんなことに困っていませんか？　悲しくて涙がとまらない。どうしても自分が悪いと思ってしまう。明るい未来を創造できない。この大きな傷つきをどう抱えていったらいいのだろう。

978-4-8166-1003-5

マイ・レジリエンス　３刷

――トラウマとともに生きる

中島幸子 著

四六判／ 298頁／定価:2000円＋税

DV をうけて深く傷ついた人が、心の傷に気づき、向き合い、傷を癒し、自分自身を取り戻していくには長い時間が必要です。４年半に及ぶ暴力を体験し、加害者から離れた後の 25 年間、PTSD（心的外傷後ストレス障害）に苦しみながらうつとどう向き合ってきたか。著者自身のマイレジリエンスです。

978-4-8166-1302-9

愛を言い訳にする人たち

――DV加害男性700人の告白

山口のり子 著

A5判／ 192頁／定価:1900円＋税

◉目次　1章　DVってなんだろう?／2章 DVは相手の人生を搾取する／3章 DV加害者と教育プログラム／4章 DV加害者は変わらなければならない／5章 社会がDV加害者を生み出す／6章 DVのない社会を目指して　DVとは何か?　なぜDVするのか?　加害男性の教育プログラム実践13年の経験から著者は言う、「DVに関係のない人はいないことに、気づいてほしい」

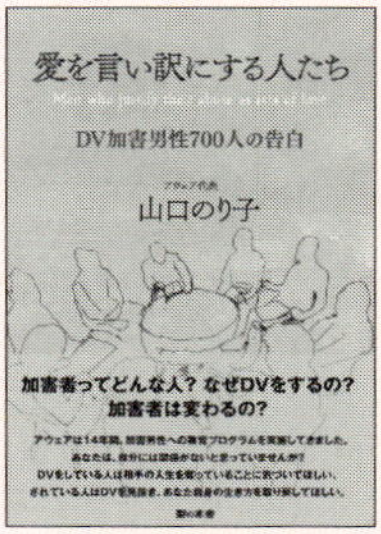

978-4-8166-1603-3

「いごこち」神経系アプローチ

――4つのゾーンを知って安全に自分を癒やす

浅井咲子 著　A5 判／並製／ 136 頁／定価 1700 円 + 税

大人気『「今ここ」神経系エクササイズ』の待望の続編。
カウンセリングや自己啓発、いろいろ試したけどまだつらい・・・。
ポリヴェーガル理論とパーツワークの視点から自律神経系のクセに取り組む！「神経自我統合アプローチ」

◉目次　おはなし「癒やしの作業をするあなたへ」／第1章 トラウマ、過去の名残～あなたの苦しみの正体／第2章 癒やしのために～4つのゾーンとTKS／第3章 ゾーンごとの対応方法／第4章 生きづらさから癒しへ／引用・参考文献

978-4-8166-2102-4